BEI GRIN MACHT SICH IHR WISSEN BEZAHLT

- Wir veröffentlichen Ihre Hausarbeit, Bachelor- und Masterarbeit

- Ihr eigenes eBook und Buch - weltweit in allen wichtigen Shops

- Verdienen Sie an jedem Verkauf

Jetzt bei www.GRIN.com hochladen und kostenlos publizieren

Strategischer Wandel in einem Unternehmen aus der Gesundheits- und Medizintechnik. Fallstudie aus der Strategischen Unternehmensführung

Jonas Fürst

Bibliografische Information der Deutschen Nationalbibliothek:

Die Deutsche Nationalbibliothek verzeichnet diese Publikation in der Deutschen Nationalbibliografie; detaillierte bibliografische Daten sind im Internet über http://dnb.d-nb.de abrufbar.

ISBN: 9783346655646
Dieses Buch ist auch als E-Book erhältlich.

Druck und Bindung: Books on Demand GmbH, Norderstedt Germany
Gedruckt auf säurefreiem Papier aus verantwortungsvollen Quellen

Das vorliegende Werk wurde sorgfältig erarbeitet. Dennoch übernehmen Autoren und Verlag für die Richtigkeit von Angaben, Hinweisen, Links und Ratschlägen sowie eventuelle Druckfehler keine Haftung.

Das Buch bei GRIN: https://www.grin.com/document/1215795

Inhaltsverzeichnis

1 BODO MÜLLERS PLAN 4

1.1 Gründe für Wandel...4

1.2 Aspekte des Strategiewandels 5

1.3 Barrieren und Widerstände 6

2 CHANGE MANAGEMENT 7

2.1 Gründe für Scheitern..7

2.2 Veränderungen meistern..8

3 STRATEGIEIMPLEMENTIERUNG.. 11

3.1 Durchsetzung..12

3.2 Umsetzung 13

4 BALANCED SCORECARD 14

4.1 Ursache-Wirkungskette..15

4.2 Festlegung Ziele, Kennzahlen, Vorgaben und Maßnahmen 16

5 UNTERNEHMENSETHIK... 17

5.1 Praxisbeispiel...17

5.2 Unternehmenswerte..17

5.3 Wertebruch...17

5.4 Konsequenzen...18
    5.4.1 Interne Stakeholder...18
    5.4.2 Externe Stakeholder 18

6 LITERATURVERZEICHNIS 20

7 ABBILDUNGS- UND TABELLENVERZEICHNIS 21

7.1 Abbildungsverzeichnis 21

7.2 Tabellenverzeichnis 21

1 Bodo Müllers Plan

Die Gesundheits- und Medizintechnik AG ist ein österreichisches Unternehmen mit Sitz in Wien und eine der weltweit größten und bedeutendsten Lieferanten der Gesundheitsindustrie. Das Unternehmen ist durch eine Matrixorganisation in sieben unabhängige Unternehmenseinheiten aufgeteilt. Alle sieben Einheiten organisieren ihre Produkte in Entwicklung, Produktion und Marketing selbstständig.

Bodo Müller ist Marketing Direktor der Abteilung Vertrieb der Gesundheits- und Medizintechnik AG in Deutschland. Die folgenden Ausführungen beschäftigen sich mit dem fiktiven strategischen Wandel der Gesundheits- und Medizintechnik AG.

1.1 Gründe für Wandel

Bodo Müller hat verschiedene Gründe, welche für seinen initiierten Wandel stehen. Folgende drei Gründe stehen für den Wandel.

(1) Wandel der Entscheidungsträger für die Anschaffung neuer medizinischer Geräte: Bis vor ein paar Jahren war es die Aufgabe der jeweiligen Krankenhausärzte, den Bedarf und die daraus resultierende Beschaffung zu organisieren. Nach erfolgreicher Absegnung des Budgets durch die Krankenhausadministration, wurden die ausgewählten Systeme bestellt und gekauft. Heutzutage liegt die Einkaufsentscheidung hauptsächlich bei der Einkaufsabteilung und Administration der Krankenhäuser. Diese sind logischerweise mehr an ökonomischen als an medizinischen Aspekten interessiert.

(2) Fehlende Investition in neue medizinische Geräte: Aufgrund der niedrigen staatlichen Finanzierung der Krankenhäuser in den vergangenen Jahren werden eher bestehende Geräte instand gehalten als in neue investiert.

(3) Niedrige Wachstumsrate des deutschen Marktes für medizinische Geräte: Es herrscht eine geteilte politische Meinung inwieweit einer Erhöhung der Gesundheitsausgaben zugestimmt wird oder ob dieser entgegen gewirkt wird. Gründe für die niedrige Wachstumsrate sind das niedrige BIP-Wachstum (Bruttoinlandsprodukt), das geringe Bevölkerungswachstum sowie das bereits schon hohe Ausgabenniveau im Bereich medizinische Geräte.

1.2 Aspekte des Strategiewandels

Vahs & Weiand (2010, S.7) sehen die Aufgabe des Change Managements darin „ein Unternehmen von einem bestimmten Ist-Zustand zu einem erwünschten Soll-Zustand weiterzuentwickeln und so die Effizienz und Effektivität aller Unternehmensaktivitäten nachhaltig zu steigern".

Hinsichtlich des Change Managements wird nun auf drei Aspekte von Bodo Müllers Plan eingegangen.

(1) Die Marketingstrategie der Gesundheits- und Medizintechnik AG sollte sich grundlegend ändern. Aufgrund der Veränderung des Kaufverhaltens, sollte zukünftig das Marketing und der Verkauf die Bedürfnisse und Herausforderungen des „C-Level" (CEO, CFO und CIO) ansprechen und nicht wie bisher, die Krankenhausärzte. Das neue „C-Level Marketing" muss für alle sieben Produktlinien des Unternehmens gemeinsam durchgeführt werden. Vor diesem Hintergrund leistet Bodo Müller Überzeugungsarbeit und sensibilisiert die sieben Marketing Vizepräsidenten (VPs), damit diese einen kleinen Teil ihres Budgets in das C-Level Marketing investieren.

(2) Bodo Müller hat mithilfe seiner Beobachtungen und Analysen registriert, dass die Gesundheits- und Medizintechnik AG aufgrund des veränderten Kaufverhaltens in Zukunft ganzheitliche Lösungen liefern sollte, die die allgemeine Effizienz im Krankenhaus verbessern würde. Das Unternehmen soll ihr bisheriges Erscheinungsbild als rein technologie- und ingenieurorientiert hinter sich lassen und sich auf neue ganzheitliche Lösungen fokussieren. Zusätzlich zu den medizinischen Geräten sollen noch entsprechende Serviceleistungen angeboten werden.

(3) Ein weiterer Aspekt von Herrn Müllers Strategiewandel ist seine Präsentation der harten Fakten, beim vierteljährlichen Treffen des Marketing-Boards, bei dem alle VPs anwesend sind. Sein Ziel war es, die bisher noch nicht genutzten Potenziale des C-Level Marketings zu verdeutlichen und wie man sinnvolle Inhalte gemeinsam konstruieren könnte. Dem hinzufügend plante er eine Einführung eines kleinen, geschäftsübergreifenden Projekts, indem Ideen zum C-Level Marketing in Deutschland entwickeln werden sollten. Dadurch wollte er die Unterstützung aller Unternehmenseinheiten sicherstellen

1.3 Barrieren und Widerstände

Unabhängig davon welche Veränderungsstrategie angewandt wird, greifen organisatorische Veränderungen in bestehende Prozesse und Strukturen ein (Schulte-Zurhausen, 2010, S. 352; zitiert nach Schuhmann, 2020, S. 176). Dies hat zur Folge, dass mögliche Widerstände und Barrieren eintreten können. Die Ursachen für Widerstand gegenüber Veränderungen liegen neben Strukturen, Prozessen und Kulturen der Organisation auch in den Menschen selbst. (Müller, 2010, S. 215; zitiert nach Schuhmann, 2020, S.158).

(1) Auf menschlicher Ebene könnte Bodo Müller auf eine Barriere treffen. Er kommunizierte sein Vorhaben beim Marketing-Board rein sachlich und ohne jegliche Emotionen. Dies könnte zur Folge haben, dass sich die Marketing Vizepräsidenten nicht angesprochen fühlen, da Herr Müller ihnen keinen emotionalen Grund für einen Wandel bietet. Den VPs fehlt somit die nötige Motivation und Erkennung der Bedeutsamkeit des Wandels.

(2) Aufgrund des fehlenden Budgets für das geplante C-Level Marketing, könnte Herr Müller vor einer Ressourcen Barriere stehen. Das fehlende Budget möchte er von den sieben Marketing Vizepräsidenten gewinnen. Es könnte sein, dass die VPs dagegen stimmen, da sie einen kleinen Teil von ihrem Budget abgeben sollen.

(3) Nach Picot et al. (2012, S. 530) kann ein Widerstand sowohl auf organisationaler als auch auf individueller Ebene sein. Aufgrund der Umstrukturierung für das geplante C-Level Marketing könnte bei den betroffenen Marketing Mitarbeitern ein Widerstand auf individueller Ebene entstehen. Die Bereitschaft könnte sich in Grenzen halten, die bisherigen, sehr routinierten Prozesse zu verlassen. Diese gaben den Mitarbeitern zuvor Sicherheit und eine Befriedigung der Bedürfnisse. Vor allem für die Führungskräfte im Marketing kann die Umstrukturierung der Organisation eine mögliche Umverteilung der Machtverhältnisse bedeuten. Dies könnte Ängste auslösen, dass sie an Verantwortung und Prestige verlieren.

(4) Als viertes Beispiel für einen möglichen Widerstand gegenüber Bodo Müllers Wandel könnte das Fernbleiben der Hälfte aller eingeladenen und bestätigten Teilnehmer des Kick-Off-Meetings genannt werden. Nach Doppler & Lauterburg (2014, S. 357) wird das Fernbleiben und die innere Emigration als passiv non-verbaler Widerstand eingeordnet.

Es war offensichtlich, dass das Thema bei den VPs keinen hohen Stellenwert eingenommen hat.

2 Change Management

2.1 Gründe für Scheitern

Der Change-Management Experte John P. Kotter entwickelte das Acht-Schritte-Erfolgsmodell aus den 90iger Jahren entscheidend weiter (Kotter, 2015, S.83). Im Folgenden wird das Scheitern von Bodo Müllers geplanten Wandel konkret an Kotters 8-Stufen Modell dargestellt.

Direkt in der ersten Stufe erfolgte der erste Fehler, der das Fehlschlagen Bodo Müllers Plan begünstigte. So wurde die Dringlichkeit des Wandels zwar übermittelt, jedoch wurde das Bewusstmachen einer klaren Chance versäumt. Die Reaktionen waren zwar durchaus positiv, allerdings sollte das Thema erst einmal „überprüft, bearbeitet und angestoßen" werden. Hier wird deutlich, dass eine klare Zögerlichkeit der Teilnehmer vorherrscht.

In Stufe zwei gelang es Herr Müller nicht, ein freiwilliges und dennoch starkes und kompetentes Führungsteam zusammenzustellen. So wurden einfach alle Marketing Vizepräsidenten zusammen getrommelt, ohne eine klare Struktur und Verteilung der Aufgaben vorzugeben. Aus diesem Grund fühlte sich niemand verantwortlich und keiner ergriff die nötige Initiative, um den Strategiewandel voranzutreiben.

In der dritten Stufe setzte sich das Scheitern fort, da keine klare und richtungsweisende Vision geschaffen wurde. Die Botschaft: „Es muss etwas unternommen werden" ist im Hinblick auf seinen geplanten Wandel deutlich zu lasch und unkonkret formuliert. Somit ist keine klare strategische Orientierung vorhanden, welche die genaue Richtung für den Strategiewandel vorgibt.

Logischerweise ist dann bei der vierten Stufe nach Kotters Modell das Scheitern Bodo Müllers vorprogrammiert, da aufgrund der fehlenden Vision diese auch nicht weitergegeben konnte. Durch das fehlende Vorleben einer möglichen Vision wuchs die Skepsis gegenüber seines Planes. Dies reflektierte sich vor allem in der Abwesenheit vieler Teilnehmer und fehlenden Zustimmung beim Kick-Off-Meeting.

Die restlichen vier Stufen nach Kotters Acht-Schritte-Erfolgsmodell kann man bei Bodo Müller leider so gut wie nicht erkennen. Da keine Mitarbeiter auf breiter Basis, sondern lediglich die Vertreter der einzelnen Unternehmenseinheiten miteinbezogen wurden, ist der Plan letztendlich komplett gescheitert. Auch wurden keine kurzfristigen Erfolge erzielt, welche die beteiligten Personen weiter hätte motivieren können. Schlussendlich ist es dann zu keinen weiteren Schritten gekommen, da Bodo Müllers Plan im Prinzip schon nach der vierten Stufe komplett gescheitert ist.

2.2 Veränderungen meistern

Im Folgenden wird das von Kotter weiterentwickelte 8-Beschleuniger Modell (Kotter, 2015, S.82) auf die konkrete Situation von Bodo Müller angewandt. In jedem der acht Beschleuniger wird dargestellt, was Bodo Müller entsprechend tun müsste, um den Strategiewandel erfolgreich umzusetzen.

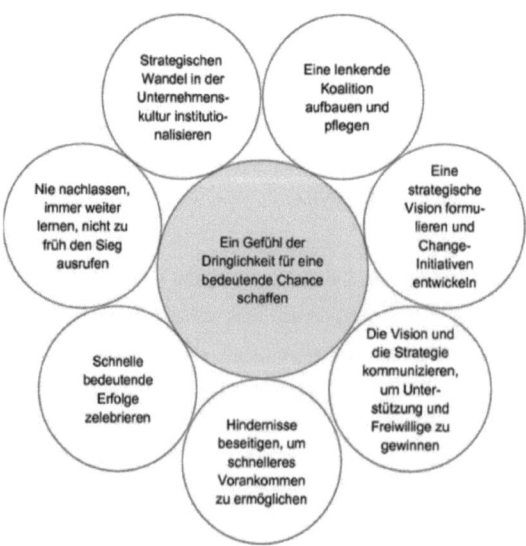

Abbildung 1: Angepasstes 8-Stufen-Model nach Kotter (Eckert, 2018).

1. Ein Gefühl der Dringlichkeit für eine bedeutende Chance schaffen

Kotter fand bei Untersuchungen (2015) heraus, dass die permanente Hervorhebung von Dringlichkeit einen entscheidenden Wettbewerbsvorteil mit sich bringen kann. Um die erforderliche Dringlichkeit des angestrebten Wandels deutlich zu machen, hätte Bodo Müller zum ersten Meeting nicht nur die VPs, sondern alle wichtigen Führungskräfte des Unternehmens einladen sollen. Seine Ansprache hätte deutlich emotionaler ausfallen müssen und das Aufzeigen der sich ergebenden Chancen für das gesamte Unternehmen sollte klar und deutlich hervorgehoben werden, um so die Motivation aller Beteiligten zu forcieren.

2. Eine lenkende Koalition aufbauen und pflegen

Die lenkende Koalition, auch das Herzstück des Strategienetzwerkes genannt, sollte so zusammengestellt sein, dass aus jedem Bereich und jeder Hierarchieebene mit verschiedenen Kompetenzen mindestens ein Vertreter dabei ist (Kotter, 2015, S.89). Bei Herrn Müller war das gemischte Leistungsteam nicht vorhanden, da er nur die VPs zusammen berufen hat. Wichtig ist hierbei auch, dass das Koalitionsteam aus Freiwilligen besteht. Mitarbeiter die aus eigener Überzeugung heraus agieren, können eine „Freiwilligenarmee" bilden, die den nötigen Ansporn mitbringen und somit den Grundbaustein für eine erfolgreiche Umsetzung eines Wandels darstellen (Kotter, 2015, S.89).

3. Eine strategische Vision formulieren und Change-Initiativen entwickeln

Direkt zu Beginn des vierteljährlichen Meetings hätte Bodo Müller eine neu formulierte strategische Vision darstellen sollen. Es wäre sicher von Vorteil gewesen die aktuelle Vision umzuformulieren bzw. sie zu ergänzen. Vorstellbar wäre: „Wir bieten unseren Kunden eine sowohl ganzheitliche als auch technisch hochwertige Lösung an, welche einzigartig in unserer Branche ist". Dadurch fällt es den Mitarbeitern leichter sich daran zu orientieren, da eine genaue strategische Orientierung vorgegeben wird. Für die Koalitionsmitglieder stellt die Vision ein Leitbild für den angestrebten Erfolg dar, welche ihnen Orientierung und Informationen liefert, damit schnelle Entscheidungen getroffen werden können (Kotter, 2015, S. 89-90).

4. Die Vision und die Strategie kommunizieren, um Unterstützung und Freiwillige zu gewinnen

Eine ehrliche und authentische Übermittlung der Vision durch ein überzeugendes Koalitionsteam hätte die bis dato vorherrschende Skepsis der VPs reduzieren können, für mehr Akzeptanz sorgen können und mögliche freiwillige Mitarbeiter anlocken können. Aufgrund der Tatsache, dass sich Motivationsprobleme immer dann ergeben, wenn Mitarbeiter innerhalb streng hierarchischen Strukturen arbeiten müssen (Kotter, 2015, S.90), hätte Bodo Müller deutlich mehr Freiwillige aus allen Ebenen rekrutieren sollen.

5. Hindernisse beseitigen, um schnelleres Vorankommen zu ermöglichen

Bei diesem Beschleuniger nach Kotter ist es wichtig, dass alle Beteiligten über die genaue Strategieformulierung aufgeklärt sind und somit auch klare Handlungsräume zugewiesen bekommen, um bei möglichen Problemen bei der Umsetzung der Strategie schnell und effizient handeln zu können (Kotter, 2015, S. 90-91). Im dargestellten Fall verpasste Bodo Müller dies beim ersten Meeting zu erläutern und auch mögliche Kritikpunkte oder Hinweise der Anwesenden wurden nicht erfragt. Dadurch hätten schon von Beginn an mögliche Problematiken beseitigt werden können, und so das Projekt weiter vorangetrieben.

6. Schnelle bedeutende Erfolge erzielen

Im Fall von Herr Müller hätte der geplante Wandel in deutlich kürzere Teilschritte unterteilt werden müssen. So war der Abstand (3 Monate) der beiden Meetings deutlich zu lang gewählt. Da Menschen häufig ungeduldig sind, müssen schnelle und offensichtliche Erfolge her, die im Zusammenhang mit der neuen Strategie stehen. Diese Erfolge müssen dann gefeiert werden, um weitere Motivationsschübe bei den Mitgliedern hervorzurufen und potenzielle neue Mitarbeiter können dadurch zum Mitmachen animiert werden (Kotter, 2015, S. 91). All das fand im konkreten Beispiel Müllers nicht statt. Hätte er kurzfristigere Ziele (z.B. wöchentlich) gesetzt und diese bei Erfolg gefeiert, so hätte er einen deutlichen Motivationsschub bei den Beteiligten auslösen können und noch dazu Skeptikern und Kritikern des Wandels entgegenstehen können. Für den Fall, dass einige Ziele nicht erreicht werden, hätte er aufgrund des kurz gewählten Zeitraums, die Möglichkeit schnell eingreifen zu können.

7. Nie nachlassen, immer weiter lernen, nicht zu früh den Sieg ausrufen

Da schnell politischer und kultureller Widerstand bei einem strategischen Wandel auftreten können, muss das Unternehmen ständig am Ball bleiben und sich dem stetigen Wandel anpassen können (Kotter 2015, S.91). Im Falle Müllers muss er versuchen, seine Mitstreiter in das Geschehen der Veränderung ständig mit einzubeziehen und sie so für weitere Schritte motivieren. Das Gefühl der Dringlichkeit von weiteren und größeren Veränderungsprojekten sollte vermittelt werden, damit weitere Wettbewerbsvorteile gemeinsam erreicht werden. In der Medizin- und Gesundheitstechnik AG wäre beispielsweise eine eigene Abteilung, welche sich mit den differenten Krankheitsaufkommen beschäftigt sinnvoll.

8. Strategischen Wandel in der Unternehmenskultur institutionalisieren

Die letzte der acht Stufen nach Kotter dient der Integration des strategischen Wandels in die Unternehmenskultur und somit in den Unternehmensalltag (Kotter, 2015, S. 91). Der von Bodo Müller initiierte Wandel soll nun nachhaltig in das Unternehmen integriert werden und ein Stück weit die Vision und Unternehmenswerte ergänzen. Mithilfe dessen können sich dann alle Mitarbeiter orientieren und bestenfalls im Unternehmensalltag umsetzen.

Zusammenfassend ist noch anzumerken, dass die acht Beschleuniger nach Kotter natürlich auch parallel stattfinden und immer wieder zwischen den einzelnen Stufen hin und her gesprungen werden kann. Die am Anfang von 2.2. dargestellte Abbildung soll dies verdeutlichen, dass die Reihenfolge nicht von größter Bedeutung ist, sondern vielmehr steht das ganzheitliche Konzept aller acht Stufen im Vordergrund mit dem Mittelpunkt der Dringlichkeit und Chance des Wandels.

3 Strategieimplementierung

In der folgenden Aufgabe wird das fiktive Szenario angenommen, dass Bodo Müller neben den Marketing VPs auch den CEO der Gesundheits- und Medizintechnik AG von seinem Plan erfolgreich überzeugen konnte. Nun soll die geplante Strategie implementiert werden. Die Strategieimplementierung wird in zwei Teilphasen unterteilt: Die Durchsetzungs- und die Umsetzungsphase.

3.1 Durchsetzung

Die Durchsetzungsphase wird in drei Maßnahmen unterteilt: Vermittlung der Strategie, Einweisung und Schulung und zum Schluss die Schaffung eines strategiebezogenen Konsenses (Welge & Al-Laham, 2012, S. 807-809). Diese drei Maßnahmen werden im Folgenden für den Plan von Bodo Müller konkret dargestellt.

1. Vermittlung der Strategie

Die Strategie sollte so an die Mitarbeiter vermittelt werden, dass zum einen diese sich mit der Strategie identifizieren können und zum anderen sie die Strategie so verinnerlichen, dass sie erfolgreich im Arbeitsalltag gelebt wird (Kaplan et al., 2001, S. 13). Dies könnte z.B. durch die bildliche Präsentation und Erklärung der Strategie in einem groß angelegten Meeting erfolgen. Darüber hinaus sollte deutlich gemacht werden, dass das Unternehmen jeden einzelnen Mitarbeiter braucht und jeder einen wichtiges Puzzleteil für die geplante Strategie darstellt. Hier könnten spezifische Anreizsysteme geschaffen werden, um die Mitarbeiter zusätzlich zu motivieren.

2. Einweisung und Schulung

Da der Prozess der Strategieimplementierung sehr komplex ist, sind oftmals für die betroffenen Mitarbeiter Schulungen hinsichtlich strategiebezogener Qualifikationen notwendig (Welge & Al-Laham, 2012, S. 808). Bei der geplanten Implementierung der Differenzierungsstrategie im dargestellten Szenario wäre es wichtig, dass das Unternehmen seine Mitarbeiter in den Bereichen Kreativitätstechnik sowie hinsichtlich der Produktinnovation und des Designs fortbildet. Dies könnte durch Fortbildungen von externen Spezialisten der genannten Gebiete erreicht werden.

3. Schaffung eines strategiebezogenen Konsenses

Aufgrund der Veränderung der Machtstrukturen bei einer Strategieumsetzung entstehen Konflikte zwischen den Beteiligten der einzelnen Hierarchieebenen: Zielkonflikte, Verteilungskonflikte und Durchsetzungskonflikte (Welge & Al-Laham, 2012, S. 809). Zielkonflikte entstehen, wenn Bereichsziele oder persönliche Ziele nicht mit den strategischen Zielen übereinstimmen. Verteilungskonflikte erfolgen aufgrund der Verteilung für die Strategierealisierung relevanter Ressourcen. Und zu guter Letzt herrschen Durchsetzungskonflikte, angesichts persönlichkeitsbezogenen und sozio-emotionalen Spannungen in bestimmten Angelegenheiten (Welge & Al-Laham, 2012, S. 809). Im Rahmen des

Konfliktmanagements sollten Bodo Müller und die gesamte Führung des Unternehmens einen speziell ausgebildeten Konfliktmanager einsetzen, um so die genannten Konfliktarten erfolgreich bewältigen zu können.

3.2 Umsetzung

Die Umsetzungsphase wird ebenfalls in drei Maßnahmen unterteilt: Transformation, Anpassung der Unternehmenspotentiale und als Drittes Motivierung (Bamberger & Wrona, 2012, S. 476; zitiert nach Schuhmann, 2020, S. 19). Diese drei Maßnahmen werden im Folgenden für den Plan von Bodo Müller konkret dargestellt.

1. Transformation

Nach Haake & Seiler (2012, S. 129-138) sind bei dieser Maßnahmen die strategischen Entscheidungen in konkrete Aktionen zu überführen. Es werden klar definierte Maßnahmen festgelegt, wie z.b. Kosten- und Ressourcenschätzung, Festlegung von Verantwortlichkeiten und Formulierung der Ziele nach Inhalt, Ausmaß und Zeit. Im Falle Müllers könnte das Unternehmen mithilfe eines Mentorenprogrammes die Festlegung von Verantwortungsbereichen sinnvoll aufteilen und so die Verantwortung auf mehrere Schultern verteilen. Eventuelle Kompetenzlücken der Mitarbeiter die sich bei der Umsetzung der Strategie ergeben, sollten Bodo Müller und sein Team nachhaltig schließen können z.b. mithilfe interner Schulungen.

2. Anpassung der Unternehmenspotentiale

Die Unternehmenspotentiale werden aufgeteilt in Unternehmensstruktur, -kultur, Managementsysteme, Mitarbeiter und Führungskräfte (Welge & Al-Laham, 2012, S. 795). Strukturelle Anpassungen könnte die Gesundheits- und Medizintechnik AG hinsichtlich der sieben eigenständigen Unternehmenseinheiten durchführen. Beispielsweise wäre es möglich, die Marketingabteilungen aller sieben Bereiche zu einer Marketingabteilung zusammenzuführen. Dadurch hätte man die neu anvisierte ganzheitliche Lösung besser im Blick und nicht jede Abteilung handelt unabhängig. Hinsichtlich der Anpassung der Managementsysteme wären im dargestellten Fall materielle Motivationsanreize (z.B. Gehalt, Firmenwagen, Dienstwohnung) für die Inhaber von Schlüsselpositionen sinnvoll. Bezogen auf die Anpassung der Mitarbeiter und Führungskräfte könnten Bodo Müller und die Führungsriege des Unternehmens halbjährliche Weiterbildungen aller Mitarbeiter und

Führungskräfte durchführen, um den aus der Strategie abgeleiteten Anforderungen gerecht werden zu können.

3. Motivierung

Da es bei der Umsetzung der Strategie oftmals zu einen oder mehreren „Durchhängern" kommen kann, spielt die Motivierung und Mobilisierung der Mitarbeiter eine bedeutende Rolle (Haake & Seiler, 2012, S. 125). Eine konkrete Maßnahme im Fall Bodo Müller könnte ein Vorher-Nachher-Vergleich des Unternehmens angesichts der neuen Marktsituation im Rahmen des geplanten Wandels darstellen. Dadurch soll den Mitarbeitern nochmal einen extra Schub an Motivation gegeben werden, Teil dieses sinnvollen Wandels zu sein.

Zusammenfassend lässt sich sagen, dass der Stellenwert der Strategieimplementierung unglaublich hoch ist. Als Beispiel hierfür dient eine Umfrage unter Managementberatern in den 1980er Jahren, welche aufzeigt, dass weniger als 10% der formulierten Strategien letztendlich erfolgreich implementiert wurden (Kaplan, Norton & Horváth, 2001, S 3; zitiert nach Schuhmann, 2020, S. 10).

4   Balanced Scorecard

Die Balanced Scorecard ist ein strategisches Managementsystem welches sowohl monetäre als auch nicht-monetäre Größen integriert. Dazu werden kurz- und langfristige Ziele berücksichtigt und mit vergangenheitsbasierten aber auch zukunftsorientierten Indikatoren gearbeitet (Bamberger & Wrona, 2012, S. 382; zitiert nach Schuhmann, 2020, S. 209). „Durch die Verknüpfung der Ziele, Strategien und Maßnahmen in sogenannte Ursache-Wirkungs-Beziehungen, bildet die Balanced Scorecard (BSC) den Handlungsrahmen für einen Managementprozess, in dem die Strategie umgesetzt wird" (Nagel & Wimmer, 2009, S. 326; zitiert nach Schuhmann, 2020, S. 209).

4.1 Ursache-Wirkungskette

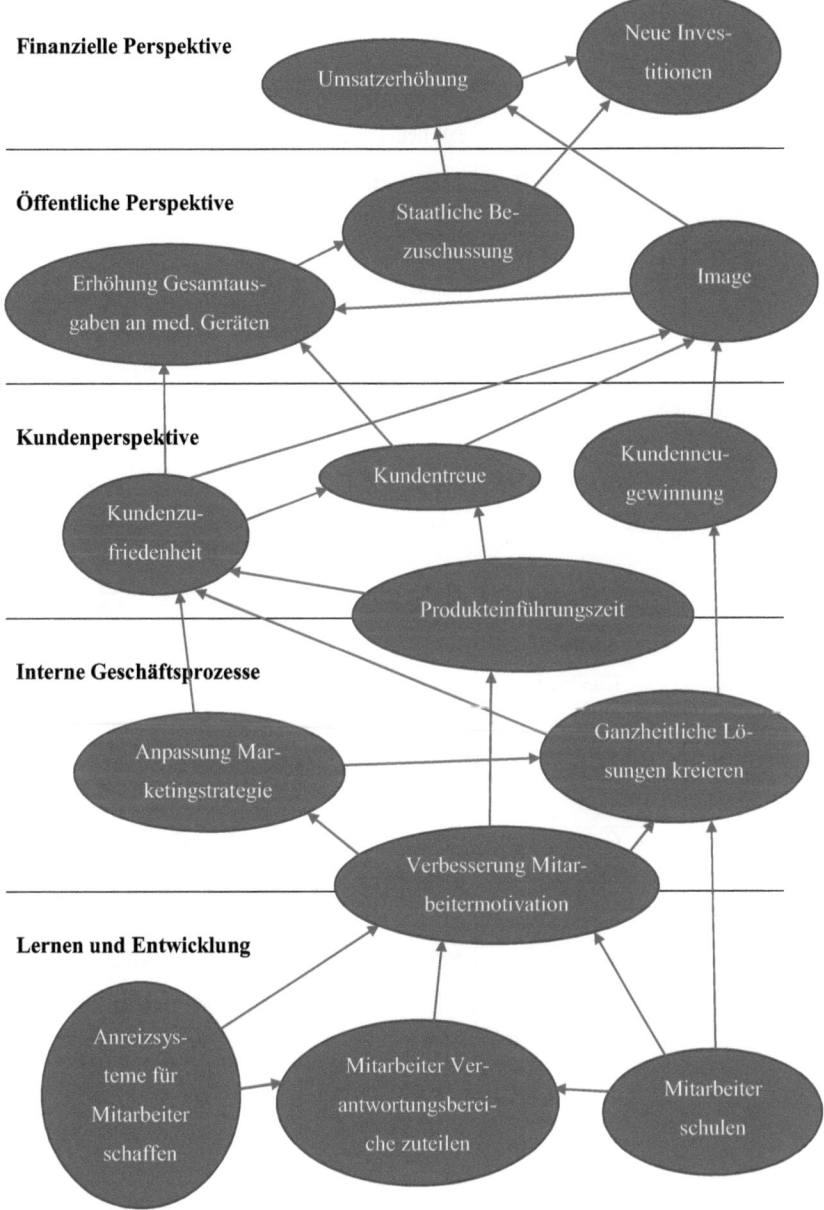

Abbildung 2: Ursache-Wirkungskette der Gesundheits- und Medizintechnik AG

4.2 Festlegung Ziele, Kennzahlen, Vorgaben und Maßnahmen

Tabelle 1: Ziele, Kennzahlen, Zielwerte und Maßnahmen am Beispiel der Gesund
heits- und Medizintechnik AG

Perspektiven	Ziele	Kennzahlen	Zielwerte	Maßnahmen
Finanzielle Perspektive	Weltweiter Marktführer in unserer Branche	Jährlicher Umsatz	+10% im Vergleich zum Vorjahr	Verstärkte Investitionen in das C-Level Marketing
Öffentliche Perspektive	Erhöhung der Gesamtausgaben an medizinischen Geräten	Jährliche staatliche Bezuschussung	+15% im Vergleich zum Vorjahr	Öffentlicher Brief an die Regierung und mehrere Meetings der Geschäftsführung mit hochrangigen Politikern
Kundenperspektive	Nachhaltiger Erhalt des Kundenstammes	Kundentreue	Kundentreue erhöhen, so dass Fluktuationsquote von 30% auf 20% gesenkt wird.	Einführung eines Beschwerdemanagements
Interne Geschätfsprozesse	Ganzheitliche Lösungen für Kunden bieten	Online Kundenbewertungen	> 4,5 Sterne bei Google	Investition in Innovationen
Lernen und Entwicklung	Wissenstransfer der Mitarbeiter stärken	Anzahl Weiterbildungsseminare	+50% im Vergleich zum Vorjahr	Kooperation mit Bildungsunternehmen

5   Unternehmensethik

Wenn die Rede von Ethik ist, wird allgemein von der Wissenschaft vom sittlichen bzw. moralischen Handeln gesprochen (Clausen, 2009, S. 26; zitiert nach Schuhmann, 2020, S. 132). In der letzten Aufgabe dieser Hausarbeit wird das Thema Unternehmensethik anhand eines realen, vom dargestellten Fall losgelöst, Beispiels dargestellt.

5.1 Praxisbeispiel

Das US-amerikanische Unternehmen „Uber" bietet weltweit ein Online-Vermittlungsdienst zur Personenbeförderung an.

2017 machte Uber durch einen großen Skandal auf sich aufmerksam. Dem Unternehmen wurde eine Macho-Kultur und sexuelle Belästigung vorgeworfen und teilweise auch vor Gericht bewiesen. So hätten hochrangige Mitarbeiter sexistische Witze gemacht und ein Bordell in Seoul besucht. Sogar die Glaubwürdigkeit eines Vergewaltigungsopfers wurde mittels Zugriff auf deren medizinische Akten versucht anzuzweifeln. Letztendlich konnten zwar nicht alle Vorwürfe komplett bewiesen werden, jedoch war das Image von Uber nach diesen Vorfällen deutlich angeschlagen (Will Hall-Smith, 2019).

5.2 Unternehmenswerte

Heute steht Uber für Gleichberechtigung, Vielfalt, Inklusion, Sicherheit und Nachhaltigkeit. Hinsichtlich der Vergangenheit von Uber steht inzwischen vor allem die Gleichberechtigung an oberster Stelle. Das Unternehmen möchte weg von Diskriminierung (Aversionswert) hin zu Gleichberechtigung und Inklusion (Appetenzwert). Des Weiteren arbeitet Uber ständig an zukunftsorientieren Mobilitätstechnologien wie z.B. das autonome Fahren. Das Unternehmen versucht den Menschen mithilfe ihrer Dienstleistungen ihre Mobilität zu steigern und optimieren (Uber B.V., 2020)

5.3 Wertebruch

Es ist offensichtlich, dass Uber bei seinem Skandal 2017 gegen die Werte des eigenen Unternehmens verstoßen hat. So wurde vor allem die Gleichberechtigung im Unternehmen durch das Verhalten einiger hochrangiger Mitarbeiter komplett missachtet. Sexistische Witze und sexuelle Belästigung sind logischerweise für jedes Unternehmen ein No-

Go, jedoch für Uber speziell mit diesen unternehmerischen Grundwerten noch wesentlich schlimmer. Den hochrangigen Mitarbeitern sollte stets bewusst sein, dass sie mit solchen (in 5.1 genannt) Aktionen das Image des Unternehmens massiv beschädigen und die Folgen sehr extrem sein können. In meinen Augen ist der Macho-Skandal 2017 von Uber eine rein logische Konsequenz auf das vorangegangene Verhalten der Beteiligten Mitarbeiter. So hätte die Unternehmensführung viel früher dagegen vorgehen müssen, beziehungsweise die hochrangigen Mitarbeiter selber merken müssen, welche Folgen ihr Verhalten haben kann. Diese möglichen und auch größtenteils tatsächlichen Folgen des Skandals werden in 5.4 näher beschrieben.

5.4 Konsequenzen

Im Folgenden werden die Konsequenzen des beschriebenen Skandals 2017 von Uber genannt und beschrieben. Es sind größtenteils tatsächliche Konsequenzen, die damals wirklich vollgezogen wurden und einige mögliche Konsequenzen für jeweils interne und externe Stakeholder.

5.4.1 Interne Stakeholder

Mit Sicherheit einer der bedeutendsten Konsequenzen für die internen Stakeholder, war der Rücktritt des CEO von Uber, Travis Kalanick, im Juni 2017. Des Weiteren wurde im Management Bereich dem Manager Eric Alexander im Juni 2017 gekündigt, da er sich Zugriff auf medizinische Akten eines Vergewaltigungsopfers von einem Uber-Fahrer beschaffte, um so die Glaubwürdigkeit des Opfers in Frage zu stellen (Hall-Smith, 2019). Somit mussten Teile des Managements komplett neu ersetzt werden und außerdem kam ein neuer CEO.

5.4.2 Externe Stakeholder

Eine tatsächliche Konsequenz des Skandals für externe Stakeholder war der Absprung von Fremdkapitalgebern, welche aufgrund des Skandals das Unternehmen nicht weiter unterstützen wollten. Die erhoffte sichere Kapitalanlage geriet teilweise durch die Vorkommnisse in Gefahr (Hall-Smith, 2019). Eine weitere mögliche Konsequenz des nicht werte-konformen Verhaltens von Uber wäre, dass viele Kunden auf Alternativen umsteigen. Aufgrund des beschädigten Images könnten viele treue Kunden sich von dem Unternehmen abwenden, da sie das Verhalten Ubers nicht tolerieren.

Es gäbe an dieser Stelle sicher noch einige weitere mögliche Konsequenzen sowohl für interne als auch externe Stakeholder, welche aber den gegebenen Rahmen der Aufgabe sprengen würden.

6   Literaturverzeichnis

Doppler, K. & Lauterburg, C. (2014). *Change Management. Den Unternehmenswandel gestalten.* (13., aktualisierte und erweiterte Auflage, erw. Ausg). Frankfurt am Main: Campus.

Eckert, R. (2018). *Intelligente Echtzeitunternehmen im digitalen Hyperwettbewerb.* (1. Aufl). Wiesbaden: Springer Gabler.

Haake, K. & Seiler, W. (2012). *Strategie-Workshop. In fünf Schritten zur erfolgreichen Unternehmensstrategie* (2. Aufl). Stuttgart: Schäffer-Poeschel.

Hall-Smith, W. (2019). *Die 10 größten Unternehmensskandale und wie sie die Aktien kurse beeinflussten.* Zugriff am 29.05.2021. Verfügbar unter https://www.ig.com/de/nachrichten-und-trading-ideen/aktien-news/die-10-groessten-unternehmensskandale

Kaplan, R. S., Norton, D. P. & Horváth, P. (2001). *Die strategiefokussierte Organisation. Führen mit der balanced scorecard.* Stuttgart: Schäffer-Poeschel.

Kotter, J. P. (2015). Die Kraft der zwei Systeme. *Harvard Business Manager* (Spezial), 80-93.

Picot, A., Dietl, H. & Franck, E. (2012). *Organisation. Theorie und Praxis aus ökonomischer Sicht* (6. Aufl). Stuttgart: Schäffer-Poeschel.

Schuhmann, O. (2020). *Studienbrief Strategische Unternehmensführung II* (rev.24.033.000). Saarbrücken: Deutsche Hochschule für Prävention und Gesundheitsmanagement.

Uber B.V. (2020). *Uber B.V.* Zugriff am 29.05.2021. Verfügbar unter https://www.uber.com/fr/en/about/

Vahs, D. & Weiand, A. (2010). *Workbook Change-Management.* Methoden und Techniken (1. Aufl). Stuttgart: Schäffer-Poeschel.

Welge, M. K. & Al-Laham, A. (2012). *Strategisches Management. Grundlagen – Prozessoptimierung.* [S.I.]: Gabler.

7 Abbildungs- und Tabellenverzeichnis

7.1 Abbildungsverzeichnis

Abbildung 1: Angepasstes 8-Stufen-Model nach Kotter (Eckert, 2018). 8
Abbildung 2: Ursache-Wirkungskette der Gesundheits- und Medizintechnik AG........ 15

7.2 Tabellenverzeichnis

Tabelle 1: Ziele, Kennzahlen, Zielwerte und Maßnahmen am Beispiel der Gesund 16